AGENCE ÉCONOMIQUE DES COLONIES
BIBLIOTHÈQUE

GÉNÉRAL

Pauvre et Douce Corée

PARIS

IMPRIMERIE DE J. DUMOULIN

5, rue des Grands-Augustins, 5

GEORGES DUCROCQ

Pauvre et Douce Corée

TROISIÈME ÉDITION

PARIS

H. CHAMPION, LIBRAIRE

9, QUAI VOLTAIRE, 9

1904

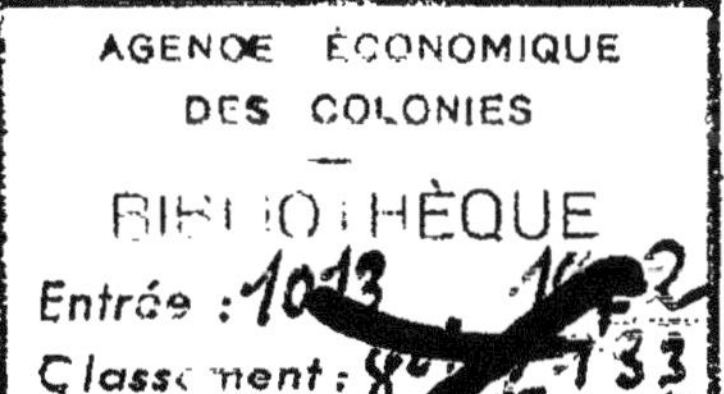

Aux Coréens
parce qu'ils aiment la France,
Aux Français de là-bas
qui l'ont fait aimer.

Celui qui arrive à Séoul par la colline du Nam-San aperçoit, entre les arbres, un grand village aux toits de chaume. Il a d'abord peine à croire que ces cabanes enfumées soient la capitale de la Corée. Mais l'immense étendue qu'elles couvrent et la ceinture de remparts et de portes monumentales qui les enveloppe ne laisse aucun doute : Séoul est à nos pieds et c'est une paysanne qui ne paye pas de mine. Pourtant les chaumières ont un air bon enfant ; elles annoncent une grande pauvreté, mais ne sont pas tristes. Une lumière extrêmement pure et délicate baigne ce visage de pauvresse et en détaille tous les contours.

Epaisses et basses, les couvertures des toits se recroquevillent au soleil comme des chattes, elles semblent couver de très douces vies familiales ; les rues font des détours capricieux et les angles des logis les font dévier ; quelques grandes chaussées traversent de part en part la capitale et tracent dans les quartiers confus de belles lignes droites. Au-dessus des chaumes ensoleillés, des cours étroites où respirent des pots de fleurs, des ruelles tortueuses, s'élève un nuage léger, tout bleu, qui monte droit, quand la brise ne souffle pas. Les foyers fument, il y a donc des femmes qui les empêchent de s'éteindre et du bonheur dans les maisons.

La maison coréenne est d'abord une œuvre de charpente. Une fois la terre tassée, on y plante des poteaux qui soutiennent les poutres transversales et forment une solide carcasse. Le menuisier arrive ensuite avec ses lattes et construit une case à claire-voie. Pour que la bise n'y entre pas, on appelle enfin le maçon qui gâche de la boue et de la paille hachée, applique cette pâte sur le bois, et pour lui donner de la consistance y met des rangées de pierres, chacune bizarrement retenue par une ficelle. Ainsi, à rebours de chez nous, le mur coréen n'est pas un soutien, mais un matelas contre le froid, un écran contre les indiscrets et les voleurs. L'été, le Coréen s'en passerait fort bien et les maisons des pauvres ne sont calfeutrées que de tiges de sorgho et de papier. Les murs tombent souvent en poussière et on songe à les rebâtir lorsque le froid pince.

Les toitures ordinaires sont en paille, elles penchent de travers, plus lentement inclinées du côté du soleil, plus brusques sous le vent du nord. Elles sont retenues par des ficelles et des pierres et forment des auvents sous lesquels le Coréen aime à prendre l'air. Les ambitieux rêvent à une toiture en faïence bleue, à la chinoise, mais c'est un luxe de grand seigneur et la plupart des Coréens se contentent du paillasson.

La maison n'a pas d'étage, elle n'a qu'une ou

deux pièces qui sur la rue prennent jour par une lucarne, un treillis de bambou vitré de papier, mais sont largement éclairées par les cours intérieures. Une maison coréenne ne peut se passer de cour. La vie des femmes, gardiennes et souvent esclaves du foyer, serait trop triste si elles n'avaient ce petit carré d'air libre. Entourées de murs, fleuries d'un pied d'œillet, disposées pour recueillir toute la chaleur du ciel, ces courettes mettent entre les maisons un peu d'espace. L'idéal serait d'avoir un jardin, mais cela n'est permis qu'aux nobles et à l'empereur.

Donc Séoul donne l'impression d'une ville modeste et bâtie à peu de frais, mais nullement misérable. Chaque Coréen a son logis, son poêle, sa vie close. Les maisons de Séoul sont des paysannes cachées sous leurs cornettes de paille, pas bien riches, quand même heureuses.

Les Coréens n'ont pas la face grimaçante des Jaunes. Le sang des races du Nord s'est mélangé dans leurs veines au sang mongol et a produit ce beau type d'homme vigoureux, rudement charpenté, d'une taille imposante. Les yeux ne sont pas bridés ni perpétuellement enfiévrés ; le front saillant, poli et découvert ressemble au front de nos Bretons, il a les reflets joyeux d'un front celtique ; les visages sont très barbus comme ceux des Aïnos de l'île Sakhalin et ce seul trait suffirait à distinguer un Coréen de ses voisins. Il y a en eux un élément qui n'est ni japonais ni chinois ; ils sont cousins de ces vieilles races sibériennes qui sentent encore le primitif. Leur expression naturelle est placide, ils ont l'œil fin et rêveur, beaucoup de laisser-aller et de bonhomie dans les manières. Leur pauvreté persistante est encore un indice de cette simplicité d'esprit qui leur fait dédaigner la vie moderne : ils ne désirent que la tranquillité.

Leurs femmes sont grandes, élancées, la taille assez ferme pour porter sur la tête de lourds fardeaux, assez souple pour demeurer accroupies de longues heures au bord des fontaines. Leur visage, bien marqué, a souvent une expression de gravité touchante, une sérieuse douceur qui contraste avec l'insouciance des hommes : c'est que les fatigues de la vie sont pour elles. En vieillissant elles conservent l'éclat noir de leurs yeux et la majesté de la démarche. Il en est de fort belles. Elles ont alors une admirable ligne de front, l'arc des sourcils plein de hardiesse, une vivacité de regard, des narines moqueuses, la bouche petite, un pur ovale de menton, et leur beauté tout en finesse et en fragilité semble l'héritage d'une très vieille race, peut-être engourdie, mais qui n'a point déchu.

Le luxe de ces pauvres gens est dans leur chevelure. Elle est d'un noir d'ébène, lisse, abondante et souple et l'huile la fait briller: il faut qu'une Coréenne soit au dernier degré de la misère pour la vendre au poids à un perruquier chinois. Personne n'y met le ciseau: les hommes la portent en chignon et maintiennent l'extrémité du toupet par un bout de corail rouge, les adolescents en font une natte, les femmes du peuple un diadème qui leur sert de coussinet pour les fardeaux, les élégantes des bandeaux collés sur le haut du front et noués sous la nuque avec une épingle d'argent. Toutes les Coréennes savent qu'à leur visage délicat rien ne sied mieux que le bandeau des vierges.

Le blanc domine dans le costume coréen : c'est la couleur qui convient le mieux à ce peuple enfant. Vestes, pantalons, souliers, bonnets sont, dans la campagne, d'une blancheur éclatante, et les citadins portent tous le pardessus de toile flottant, blanchi, empesé, lustré par les soins des épouses. Les rues de Séoul ont tous les jours un air de fête grâce à ces vêtements clairs et les Coréens le savent bien : la moitié de leur gaieté serait détruite s'ils cessaient de s'habiller en blanc; en vain les Japonais leur vantent le mac-farlane, ils restent fidèles à leurs habits neigeux et salissants, mais d'une beauté éblouissante dans cet air toujours sec.

Aussi loin qu'il s'expatrie, le Coréen garde son costume blanc. Au bord du fleuve Amour, quand on découvre un potager et un jardinier tout enfariné qui arrose ses choux, le planteur est sûrement un Coréen. A Vladivostok, au milieu des casaques ternes des Chinois et des pelisses russes, les habits blancs des Coréens détonnent joyeusement. « Se promener à l'étranger en veste de satin » c'est, dit le proverbe coréen, un acte parfaitement inutile. Pourtant ils s'y promènent, nul n'apprécie la richesse de leur accoutrement, mais ils croiraient trahir la vieille Corée en quittant sa livrée blanche.

La couleur est laissée aux jeunes gens, aux

femmes et aux enfants et les préférences des Coréens vont aux couleurs tendres, au bleu de ciel, aux tons saumonés, au gris perle, aux couleurs d'œillet ou de pervenche. S'ils abordent les tons vifs, c'est avec une franchise de campagnards, portés aux couleurs qui chantent, aux vert pomme, aux rougeurs de pêche, aux cerises, à l'abricot. Leurs enfants ont l'air échappés d'un champ de fleurs, au printemps, papillons multicolores qui jettent un rayon de vie au milieu de la foule toute blanche et nonchalante.

Les habits des Coréens ne sont pas pratiques : ils portent de la toile dans un pays où il fait très froid l'hiver, des habits blancs comme ceux des Arabes dans une contrée qui n'est pas le désert. Pour se préserver de la boue ils ont de hautes semelles et des patins de bois qui les obligent à marcher d'un pas de procession. Ils endossent par-dessus l'habit des redingotes en fibres d'ortie aussi déchirables qu'une toile d'araignée ; ils ignorent les boutons et n'usent que de rubans ; ils enferment leur chignon dans des serre-tête incommodes en crin de cheval et portent en équilibre sur cette perruque un chapeau de bambou ou de crin précieux. Leurs femmes s'embarrassent dans de vraies crinolines, leurs jupes remontent jusque sous les bras et leurs gilets couvrent à peine leurs épaules. Elles se cachent la tête sous un grand manteau de soie aux manches flottantes et avancent difficilement, n'ayant ni les bras ni les jambes libres. Mais ce costume oblige à marcher posément, il est d'accord avec le train de la vie, jamais pressée, il a de la couleur, il fait de l'effet et les Coréens n'y renonceront qu'à contre-cœur parce que dans leur pauvreté ils aiment le blanc, la joie des yeux, et que leurs femmes seraient bien inoccupées si elles n'avaient à soigner jour et nuit leur vestiaire. Séoul est une grande blanchisserie où le tic tac des battoirs ne s'arrête jamais. Les femmes travaillent pour que leurs maris resplendissent et ainsi, pensent les Coréens, la vie est bien faite.

Avec si peu de ressources le Coréen est heureux. La rue lui offre de quoi se distraire. Le matin, arrivent de la campagne, poussant leurs taureaux, les paysans qui viennent vendre à la ville leur charge de bois ou de légumes. Ils stationnent sur les places en attendant la clientèle : le carrefour, près de la Grosse-Cloche, devient un marché à bestiaux. Ces grands gaillards qui ne portent pas le chapeau des citadins, mais le bonnet des rustres ou la cloche de paille des coolies, apportent en ville leur belle humeur, l'odeur des champs et des sapins et ces mots pour rire qu'ils savent lancer aux passants sur les grandes routes. Quand ils entrent en ville, d'un pied léger, chaussé d'espadrilles, le vieux mandarin les envie et les enfants les suivent, intrigués par leurs paniers. La marchandise vendue, ils s'entassent dans les auberges, près du rempart, celles où les courriers font reposer leurs petits chevaux et leur donnent la soupe. Là est le rendez-vous des provinciaux qui s'attroupent aux alentours chez le sellier, le cordier, le marchand de souliers cloutés, le maréchal ferrant. Quand ils ont bien bu et appris quelques histoires, acheté un fouet ou un licol, échangé quelques jurons avec les palefreniers, les maraîchers s'en retournent à leur village, poussant devant eux leurs taureaux doux comme des moutons.

On flâne beaucoup à Séoul et les rues sont animées. Il y passe des femmes du peuple qui vont au lavoir ou au puits, portant la cruche ou le paquet de linge en équilibre sur leurs beaux cheveux noirs, la taille droite : des jeunes gens tournent la tête pour admirer leur dos cambré ; les marchands ambulants qui vendent des oiseaux, des souliers ou des cordes, les porteurs d'eau, les portefaix, tous ont la balle sur les reins. Les nourrissons sont portés de la même façon par la mère ou la grande sœur et il arrive qu'on les oublie, si le proverbe dit vrai : « Elle fut pendant trois ans à la recherche du bébé qui était sur son dos. » Il passe des marchands de sucre, de couteaux et de lunettes, des cavaliers et des chaises fermées qui contiennent sans doute une femme de la noblesse, des files d'aveugles qui se tiennent par la main, conduits par un enfant, mais les plus nombreux sont les désœuvrés qui baguenaudent, fument la longue pipe, disent bonjour au voisin, se font compliment de leur santé, du beau temps et se pavanent dans un habit neuf ; musards qui tournent autour des sacs de riz et d'orge, s'arrêtent devant l'écrivain public, interpellent les paysans, bayent aux corneilles. Si un homme soucieux et pressé traverse cette foule nonchalante, on le laisse passer avec un sourire de dédain : c'est un fonctionnaire, un malheureux qui travaille. « Le mendiant lui-même, dit le proverbe, a pitié du lecteur du palais. »

Sous les ponts, pendant l'hiver, quand les canaux sont gelés, les polissons font des glissades, les filles aussi hardies que les garçons, et lorsqu'un maladroit fait la culbute, quels cris de joie ! Ou bien ils lancent un cerf-volant, ils sont au moins une douzaine qui s'intéressent à son avenir ; de ces comètes qui volent tous les jours dans le ciel au-dessus de Séoul c'est à qui montera le plus haut. Quelle gloire pour celui qui tient le fil quand son cerf-volant majestueux dépasse tous les autres. S'il chavire, on va le chercher sur les toits, le repêcher au fond des cours en escaladant les murailles, et le jeu recommence. Voilà peut-être l'origine d'un grand défaut des Coréens : ils vivent trop dans les nuages, mais comme c'est amusant ! Les filles jouent au volant, et, n'ayant pas de raquette, elles le lancent et le rattrapent avec le pied, très gracieusement. Devant les marchands de jujube, de noisettes et de châtaignes on s'attroupe, on fait la dînette, on coupe les miettes en quatre et la bande joyeuse reprend son essor et réjouit le quartier. « Réfléchissez pendant que vous êtes têtard », dit le proverbe, mais les enfants de Séoul se moquent des proverbes et font les diables.

Ces spectacles de la rue sont rehaussés par la lumière. Le ciel est sans nuages, les habits blancs qui vont et viennent miroitent au soleil, les pauvres étalages resplendissent, les pommes du Japon semblent appétissantes, les poissons, les huîtres et les pieuvres qui sèchent aux devantures prennent des tons dorés, les amas de faisans chez les marchands de gibier donnent l'illusion d'un pays généreux. Lumière si pure qu'elle embellit même les vieilles ridées, dont les yeux restent clairs, et donne aux maisons vermoulues, aux chaumes croulants, un regain de jeunesse.

Les rues de Séoul sont très marchandes : petit commerce, mais beaucoup de boutiques, les métiers encore divisés, comme au moyen âge, par quartiers ; Séoul a sa rue de chaudronniers, sa place aux chapeaux et son marché aux soies ; aux funérailles des empereurs chaque corporation défile avec sa bannière. Les Coréens réussissent surtout dans la menuiserie : ils s'entendent à construire une étagère ou un coffret, bien ajusté, en bois d'ébène ou de cerisier, à lui donner un vernis rouge, laqué, ou la patine d'un jus de tabac, à l'enjoliver de charnières, de verrous, de plaques de cuivre : l'idée de cacher le trou d'une serrure sous une tortue ou un papillon ciselé est de leur invention. Ils découpent dans les loupes des arbres de beaux panneaux de marqueterie, ils construisent de solides armoires, des coffres pour serrer les habits : les plus ouvragés de ces meubles viennent des provinces du Nord où les qualités paysannes se sont le mieux conservées.

Un pâté de maisons est occupé par les quincailliers. Leurs petites échoppes sont étincelantes, les marmites, les bols, les tasses de cuivre poli reluisent comme des miroirs. Le Coréen aime cette batterie de cuisine clinquante qui lui donne l'illusion d'une vaisselle d'or. On met dans les petits pots les ingrédients qui servent à pimenter le riz. Vers midi les marchands du bazar se font apporter sur un escabeau ces coupes où leur déjeuner fume.

Les marchands de soieries recherchent les cours obscures et les vestibules à l'ombre. Là, dans un demi-jour favorable, ils déploient les tuniques de soie claire dont le bruissement fait tant de plaisir aux femmes, les paletots verts comme des bourgeons d'avril, les jupes bouffantes couleur de groseille, les tissus en fibre de ramie, les mousselines, les gazes et ces coquets bonnets de police, ourlés de fourrure, ornés d'un gland rouge et de larges rubans de soie prune qui tombent jusqu'aux talons, objet d'envie pour les jeunes filles. Ces étoffes ne peuvent rivaliser avec les broderies chinoises ou japonaises, elles ne valent que par leurs couleurs vives, leur fraîcheur campagnarde, elles ont l'éclat des fleurs matinales.

Les cordonniers sont de plusieurs espèces : les marchands d'espadrilles, que les Coréens renouvellent souvent et qu'ils ajustent eux-mêmes au couteau ; ceux qui font la semelle épaisse à gros clous et le soulier de soie : ceux-ci se réunissent l'hiver dans des ateliers à moitié enterrés, calfeutrés sous un paillasson, de vraies étuves, où dans une buée malsaine, dans la fumée des pipes, ils graissent, ils rabotent, ils cousent leur cuir ; enfin ceux qui taillent dans le bois les hautes galoches, les patins contre la boue, qui obligent les Coréens à traverser les rues avec la lenteur et la gravité des cigognes. Les plus jolis souliers sont ceux des enfants, d'une couleur tendre, dont nous ne pouvons nous faire une idée que par nos dominos de carnaval. Le cordonnier aime ses aises et ne veut pas être pressé. Un proverbe se moque de lui : « Le savetier dit : Demain ou après-demain. » Toujours assis, il a le temps de réfléchir, de composer des chansons ; c'est la forte tête du quartier.

Les parcheminiers ont le plus d'ouvrage, car le papier est la première industrie coréenne : il sert à tout. Huilé, il a la solidité de la toile ; broyé, il est dur comme pierre. On en fait des cloisons, des parquets, des vitres, des boîtes à chapeaux, des corbeilles et des seaux pour puiser l'eau. Dès qu'une goutte tombe, le Coréen tire de sa poche un cornet de papier dont il se coiffe. Le meilleur abri contre le froid, c'est une bonne cape de papier. Voilà bien longtemps que la Corée excelle dans le parchemin ; autrefois, sous les empereurs lettrés du quatorzième siècle qui faisaient fondre d'un coup trois cent mille caractères d'imprimerie, elle gravait sur des feuilles royales ses romans et ses poésies. Aujourd'hui l'inspiration est morte, les beaux livres sont rares, le papier sert encore aux examens, mais les compositions des candidats sont ensuite passées à l'huile et deviennent d'excellents manteaux contre la pluie. La Chine se fournit toujours de papier en Corée : il en arrive à Che-fou des bateaux pleins pour servir aux paperasseries des mandarins chinois.

Séoul a d'autres métiers curieux : des fabricants de chapelets en grains de lotus, de gourdes en écorce, des émailleurs et de petits orfèvres, mais depuis longtemps le secret de la belle porcelaine est perdu. Bien avant les Japonais, les Coréens buvaient leur thé dans de fines tasses. Ils ont appris aux ouvriers de Satsouma à cuire et à glacer l'argile. En courant les antiquaires on découvre encore un de ces bols de forme pure, d'une fine couleur gris souris, ou blanc immaculé,

d'une pâte tendre et sonore, une porcelaine craquelée de la bonne époque. Aujourd'hui les nuances délicates sont tombées en oubli, Séoul a laissé éteindre ses fours et n'a plus de porcelainiers. Il lui reste des potiers qui tournent des bassins d'une terre cuite brune et vulgaire et circulent dans les rues avec leurs pots : qu'une corde se rompe et la charge qu'ils ont sur le dos tombe en miettes. Etourdi comme un potier, disent les vieux contes coréens.

Il existe là-bas des métiers dont nous ne soupçonnons pas l'existence, comme les marchands d'épaulettes, de manchettes et de cuirasses de jonc qui donne de la rigidité aux habits de toile et les préservent du contact de la peau pendant les chaleurs de l'été ; comme les marchands d'accessoires funéraires, qui fournissent en location des lanternes, des emblèmes, des habits de chanvre, tout l'attirail des grands deuils, et loueraient au besoin des larmes aux héritiers.

Mais les plus achalandés sont les marchands de chapeaux, et il faut voir, autour du pavillon de la Grosse-Cloche, au cœur de Séoul, la presse des clients et de quel air grave ils font leur emplette. Les Coréens ont des goûts simples, sauf pour leurs chapeaux qui sont compliqués et coûteux. Ils rappellent nos hauts de forme, mais ils sont encore plus comiques, perchés sur le sommet d'un chignon, en équilibre sur une perruque. Ils ne diffèrent que par la qualité du crin. On porte un chapeau selon sa fortune et son rang : aux particuliers des fibres de bambou, aux gentilshommes des soies de sanglier. Un Coréen ne s'y trompe pas : à la légèreté, à la transparence, aux reflets du chapeau il juge un homme Pour n'en pas porter il faut être coolie ou en deuil, c'est-à-dire réduit à la grande cloche de paille. Les adolescents le portent jaune clair, les hommes noir, les lettrés le remplacent par un diadème de crin. Il faut habiter longtemps la Corée pour se reconnaître dans cette hiérarchie des chapeaux et deviner la noblesse et l'éducation d'un individu à la façon dont il porte le sien, correct ou cascadeur. Il existe au coin des rues des boutiques volantes où l'on retape les vieux chapeaux. Bref un Coréen ne se conçoit pas sans chapeau et c'est un objet si fragile et si précieux qu'il reste solidement planté sur la tête : l'empereur peut passer, le Coréen s'inclinera, mais ne lui donnera pas un coup de chapeau.

Au coucher du soleil les boutiques ferment ; du pied des maisons s'échappe par les cheminées une fumée blanche et odorante, Séoul s'enveloppe d'un nuage qui sent le sapin brûlé, la nuit tombe, les lanternes s'allument et une vie nocturne commence, extraordinaire, où tous les passants ressemblent à des fantômes. Alors les chapeaux biscornus et les habits blancs, éclairés par un falot qui tremble, font le plus d'effet. La rue est animée par une foule de gens qui vont rendre des visites et profiter de la chandelle du voisin ; c'est l'heure où les captives, étroitement gardées par un jaloux toute la journée, ont la permission de prendre l'air. Autrefois la ville leur appartenait la nuit et les hommes ne pouvaient s'y promener ; cet usage a disparu, mais les femmes ont gardé l'habitude de se sentir plus libres chaque soir. Les petites bourgeoises vont à pied, elles mettent trois ou quatre robes de soie pour se donner de l'importance, s'encapuchonnent dans le grand manteau aux manches flottantes, et, serrées de près par une vieille servante, vont faire leur tour de ville. Les plus riches vont en chaise, dans une boîte tapissée de peaux de léopard ou de soieries, portée vivement sur les épaules de quatre domestiques. La présence de ces femmes dans les ruelles sombres est très mystérieuse : elles doivent avoir longuement désiré cette heure et plus d'une en profite pour suivre une intrigue, recevoir ou jeter dans l'embrasure d'une porte un billet doux, ou même, si la duègne est complice, courir à un rendez-vous. Séoul est une ville très sentimentale et la plupart des Coréens ont une amourette en train. Leur littérature populaire n'exprime que des chagrins d'amour, aveux d'un étudiant qui promet à sa belle d'enlever l'examen qui fléchira le beau-père, ou plaintes de fiancée abandonnée qui songe à l'absent :

L'adieu est un feu qui nous brûle le cœur
Et les pleurs une pluie qui l'apaise.
J'ai mêlé mon âme avec le vin
Pour que mon amant s'en abreuve.
Le vin me le gardera fidèle,
Le vin est un puissant breuvage.
La lune argentée, le soir et l'aurore
Ne sont plus rien pour moi.
Solitaire oie sauvage, qui passes sur mon toit,
Si tu vois dans ton voyage
Celui que j'aime, le cœur si brisé,
Dis-lui tendrement de ma part
Que c'est la mort quand nous sommes séparés.

Le soir est aussi l'heure des danseuses, des

belles de nuit : il n'est pas de fête sans leur corsage d'or, leur sourire et leurs dadais de maris qui les accompagnent au tambour. Ce sont des ballerines, attachées au palais, pour désennuyer l'empereur, mais les fonctionnaires et les notables les empruntent à Sa Majesté pour un soir. Elles arrivent avec un cortège de lanternes aux couleurs impériales, dans un grand murmure d'étoffes somptueuses. Les plus belles soies, les plus riches fourrures sont pour leurs épaules. Duvet de la Pêche, la favorite, a des manchettes doublées de peaux d'écureuil et des pelisses de renard bleu. Sa chaise à porteurs est tapissée de zibelines, sa tunique est une pelure d'orange d'une soie éblouissante, une grosse perle d'ambre est pendue sur sa poitrine, elle a des bagues à tous les doigts.

Pourtant ces belles s'ennuient : le seul attrait du spectacle est dans le mouvement gracieux de leur taille, longue et souple, emprisonnée dans la haute jupe. C'est qu'elles sont toutes désorientées dans ce monde de courtisans : elles arrivent, fraîches et naïves, de la province de Ping-Yang du Nord, qui fournit à la capitale ses meilleurs soldats, son mobilier et ses danseuses. Les réceptions du palais, leurs succès, leurs bijoux ne les consolent pas d'avoir quitté leurs montagnes : dans leurs grands yeux de chevreuil, d'une noirceur et d'une langueur admirables, il y a de la mélancolie, leur regard souffre, des pensées tristes tourmentent leur beau front poli. Elles ne s'animent un peu qu'au son des mélodies natales qui leur font oublier les fades compliments des fonctionnaires ; plus d'une alors qui tourne lentement, claquant les doigts, se souvient qu'elle dansait ainsi dans son village pour un petit paysan qui l'aimait et elle donnerait de bon cœur robes, épingles d'argent, boucles de jade pour l'œillet qu'il lui apportait tous les soirs en tremblant.

C'est aussi la nuit que se font les enterrements. La ville en est avertie à la tombée du jour par un va-et-vient de lanternes extraordinaires : l'usage est de louer des figurants pour grossir le cortège ; des porteurs de lanternes, les unes en forme d'éventail, de soleil ou de fleur de lotus, les autres, candélabres entourés d'une gaine de mousseline rouge, taches de sang dans la nuit ; les parents et les amis se distinguent par des lanternes blanches. Toutes ces flammes se rassemblent autour de la maison du défunt. Deux corbillards attendent devant la porte ; le premier est pour la frime, il doit précéder le cortège, amuser le diable en lui jetant de la monnaie de papier d'argent et lui faire prendre une fausse piste. Le second contient le mort, plié dans un petit cercueil ; il est pavoisé de bandeaux de chanvre et de guirlandes de papier ; les fils du défunt montent sur ce char à côté de leur père, ils sont habillés de déchirures de ramie, signe de leur chagrin, ils ont du chanvre dans les cheveux, ils agitent des sonnettes, ils poussent d'affreux gémissements et il est de bon ton qu'ils aient l'air hagard. Les pleureurs loués et les amis de la famille leur font écho et le défilé lugubre traverse toutes les grandes rues de la ville, mise en émoi par ce tintamarre et ces flambeaux. Funérailles tapageuses, théâtrales, mais d'un effet puissant : ce mort qu'on emporte la nuit avec des torches, ces vers luisants dans les ténèbres, ces cris, c'est un spectacle fait pour émouvoir le peuple; aux lucarnes des maisons les femmes curieuses se montrent, aveuglées par les lanternes, la ville est bouleversée par cette marche nocturne, et si le mort a des centaines de bougies derrière lui, il se réjouit d'éblouir encore ses concitoyens.

Les cimetières de Séoul sont à quelques heures de la ville, dans des vallons écartés et abrités du vent. Le choix du tombeau est l'affaire du géomancien, qui connaît les veines de la terre et l'endroit où les morts dorment en paix. Selon le rang du défunt, on augmente les précautions prises contre les diables. C'est ainsi que les nobles, par mesure de sécurité et par orgueil, se font enterrer dans leur domaine, sur la terre où ils ont vécu ; l'avenue de saules qui conduisait à leur maison de campagne mènera désormais à leur tombeau. Souvent ils l'ont fait construire eux-mêmes, ils ont élevé le tertre où ils reposeront, planté le bois de sapins qui les abritera du mauvais vent, édifié la chapelle, la tortue de pierre et la tablette où leurs titres et leurs vertus sont gravés en lettres d'or. Les riches sépultures, comme celles du régent ou de l'impératrice, aux environs de Séoul, sont de vraies collines artificielles, isolées dans un beau paysage : à ces morts illustres une vallée entière sert de fosse. Sur le tertre du régent on voit quelques animaux grossièrement ébauchés dans le granit, des poneys et des béliers qui sont là pour nous rappeler que le défunt était fier de son écurie et de son bétail, et des écureuils sur les stèles, comme si ce petit animal de vif-argent défiait la mort. La tombe de l'impératrice est inabordable, elle est entourée de splendides forêts de pins et militairement gardée : on ne peut s'empêcher en voyant le zèle des factionnaires de songer que la pauvre souveraine, assassinée par les Japonais, était moins bien gardée de son vivant.

Le deuil est sévère en Corée et les parents portent plusieurs mois l'habit, le bonnet de chanvre et, quand ils voyagent, un immense chapeau de paille et un écran sur la bouche, car les mœurs les obligent à se taire et il est inconvenant de leur adresser la parole. Le sacrifice des brillants habits doit leur coûter. Adieu l'élégance ! Sont-ils aussi tristes qu'ils en ont l'air ? La religion leur commande de venir souvent visiter les morts, de leur apporter du papier d'argent et des bâtonnets d'encens, mais « l'herbe n'est jamais coupée, dit le proverbe, sur le tombeau d'un oncle ».

Les mariages sont encor l'occasion d'un cortège qui traverse les rues de Séoul, en plein jour, comme une traînée de lumière. Les robes de gala sortent ce jour-là des armoires et les coiffeuses échafaudent sur la tête des femmes ce monument de grosses tresses et de fleurs, la suprême élégance. La noce passe d'un train si rapide qu'on n'a guère le temps de l'étudier, mais on en reste ébloui. Les demoiselles d'honneur ouvrent la marche avec leur diadème de cheveux et leurs jupes à l'ancienne mode, si volumineuses qu'elles marchent avec peine, ramassant dans leur petite main tous les plis de leur traîne. Elles sont habillées de soies neuves, cassantes, qui n'ont pas encore pris les plis de leur corps et font beaucoup de bruit et d'embarras, tandis que les vieux habits sont silencieux. On choisit pour ce rôle les filles les plus grandes et les plus gracieuses. Les servantes les suivent avec les cadeaux dans des mouchoirs de soie, puis les enfants qui portent comme des reliques les canards de bois peint, image naïve de la fidélité conjugale. Le petit frère de la mariée vient tout seul, sur un poney qu'il cravache, paré comme un prince, fier comme un roi, persuadé qu'il est le triomphateur du jour.

Le marié arrive derrière, à cheval, au grand trot ; un valet lui tient la bride. Serré dans un étui de soie, les cheveux cachés dans un filet de crin orné de deux ailettes, c'est souvent un tout jeune homme imberbe, marié par ses parents et qui s'amuse de cette fête comme un enfant.

Enfin, sur la dernière monture, un paquet tremblant de linge et de soie d'où sort une main brune où brille l'anneau nuptial : c'est la mariée. Elle est au supplice. Ses amies sont venues la veille lui épiler les tempes, lui tatouer le visage, rosace sur les joues, étoile sur le front, lui farder les lèvres, lui peindre les cils, les coller, lui cacheter les narines et les oreilles. On l'a coiffée, fleurie, enrubannée, empaquetée dans la soie; elle est l'idole de la fête, mais elle est sourde, aveugle, muette, étrangement fagotée et pour elle seule les noces sont amères. De la marche nuptiale elle ne gardera le souvenir que d'une course à cheval où elle s'est crue cent fois désarçonnée; elle est livrée comme une infirme à son mari : il dépend de lui désormais qu'elle voie, qu'elle entende, qu'elle respire, qu'elle parle. Il est pourtant rare qu'elle ignore celui qu'elle épouse : les parents ont fait le mariage, mais les fiancés se sont vus en cachette. Le mari l'aide à descendre de cheval, lui fait franchir le seuil de sa maison et la place sur une estrade où elle présidera comme une divinité au banquet des noces. Il lui offre la corne de cerf, le mets nuptial, la friandise recueillie au printemps par les chasseurs, et, si la mariée n'est pas récalcitrante, elle accepte et croque de bon cœur.

La vie nouvelle qu'elle commence sera celle d'une recluse, reléguée dans une arrière-boutique, loin de la rue qu'elle n'apercevra que dans ses rares sorties, voilée. Se lever au petit jour, quand la lune brille encore, apprêter le riz, le vermicelle, le bouillon de chien ou de citrouille, faire cuire des gâteaux et surtout taper sans relâche les vêtements du mari jusqu'à ce qu'ils brillent : voilà sa destinée. Heureuses celles qui tombent sur un homme fidèle et indulgent, qui autorise les visites à la voisine et le cabinet de lecture. Elles font leur tâche en silence, douces servantes qui n'ont pas le droit d'élever la voix, et le Coréen juge extraordinaire une mégère acariâtre, « une poule qui chante ». Elles restent pourtant femmes et coquettes, liseuses de romans et sentimentales, mais seulement pour le maître. L'étranger ignore toujours la vie privée du Coréen, impénétrable. S'il entre à l'improviste dans une maison, les femmes se sauvent, en claquant les portes, oubliant quelquefois sur la natte un soulier de soie qui en dirait long, s'il pouvait parler.

Pour les jours de pluie ou d'hiver, quand ils ne peuvent jouir de la campagne, les Coréens ont des paravents qui leur en donnent l'illusion. Leurs peintres ont le talent de jeter sur le morceau de soie une branche d'épine en fleur, un vol de cigognes, une libellule ou simplement une rose qui meurt dans un vase de bronze, et, comme ils improvisent, leurs dessins sont capricieux et vivants comme la nature même. C'est un plaisir de visiter leurs ateliers et de les voir travailler. Ils s'installent dans une chambrette tapissée de papier et chauffée par-dessous, à la mode coréenne ; ils se couchent à plat ventre sur le parquet tiède ; une banderole de soie est devant eux ; d'une main légère ils trempent leur pinceau dans les godets et, sans croquis, peignent d'un trait leurs fleurs sur l'étoffe. Leur calme est étonnant : ils soutiennent leur poignet droit de la main gauche, ils ont l'air d'écrire et ils sont si sûrs d'eux-mêmes qu'ils mettent pour travailler une casaque de soie bleu de ciel qu'ils ont bien garde de tacher et qu'ils invitent leurs amis et leurs parents à assister à leur besogne. L'œuvre d'art prend naissance au milieu des conversations, entre deux tasses de thé. Elle restera toujours un peu superficielle, mais infiniment variée et amusante comme les paysages de Corée. Le plus humble badigeonneur, qui barbouille les papiers peints dont le pauvre Coréen éclaire son logis, a de l'imagination : on voit qu'il a regardé la nature, qu'il s'est intéressé aux brins d'herbe, aux oiseaux, à la vie silencieuse des poissons, qu'il a surpris l'anxiété du martin-pêcheur qui guette une ablette, qu'il a senti l'insolence des oiseaux de proie et l'humilité des crabes. Dans l'originalité de cet art populaire on retrouve le tempérament d'une vieille race artiste qui n'a plus la force des grandes œuvres, mais sait encore orner sa maison.

Les lettrés coréens apprennent le chinois et composent des poésies savantes en chinois à l'instar des classiques. Mais ces chinoiseries n'émeuvent pas l'homme du peuple. Il a, lui aussi, sa poésie nationale, des chansons et des odes en coréen, où il retrouve les événements de sa vie, ses chagrins, ses rêves. Le pêcheur qui revient le soir avec son panier plein de goujons chante :

Comme le soleil couchant
Eclaire l'étang d'une faible lueur,
Je serre ma ligne à contre-cœur
Et je cingle vers le rivage.
Au loin, sur l'écume des vagues
Les fées des ondes passent d'un pied léger
Et les mouettes, repliant leur aile fatiguée,
Tantôt volent, tantôt plongent.
Etalons nos poissons argentés ;
A travers leurs ouïes passons un brin de saule,
Allons d'abord au cabaret
Et puis à la maison.

Un jeune forgeron qui voit son père avancer en âge s'écrie douloureusement :

Cette barre de fer massive,
Je veux l'amincir en fils tellement longs
Qu'ils atteignent le soleil et qu'ils l'accrochent
Et l'empêchent de se coucher,
Pour que mes parents,
Dont les tempes commencent à blanchir,
Ne puissent plus vieillir d'un seul jour.

La plupart des chants sont des plaintes d'amour

très naïves, où les amants déçus prennent la nature pour confidente, délire habituel aux cœurs tendres :

> Dans la nuit j'entendis l'eau du ruisseau
> Qui sanglotait
> « C'est ton amant, disait-elle
> Qui m'a dit de pleurer. »
> Ruisseau, je t'en supplie,
> Retourne, retourne en arrière
> Et va lui dire que je pleure aussi !

Une chanson sera sur le bruit du vent et tous ceux qui ont entendu craquer les pins un jour de tourmente la réciteront avec plaisir au coin du feu :

> Quand la grande terre pousse un soupir,
> Nous disons que le vent s'élève,
> Et nous disons que le vent est fort
> Quand la terre crie par toutes ses fissures.
> Alors quelle frayeur ont les arbres sur les collines !
> Car toutes les brèches du sol,
> Les gouffres et les fondrières, les trous et les étangs
> S'emplissent de rumeurs et de sifflements,
> De doux murmures et de longs aboiements,
> De cris perçants et de grognements,
> De voix basses et de voix qui grondent,
> Bruit des vagues et mugissement des bœufs.
> Alors la terre gémit par toutes ses blessures
> Et les forêts en frémissent jusqu'au bout du monde.

Parfois le poète philosophe, mais c'est toujours avec mélancolie. Voilà six mille ans que les Orientaux ne se consolent pas de voir fuir le temps :

Blanches mouettes
Au vol libre
Quand vous nagez en pleine mer,
Il n'y a pour vous ni souci ni regret.
Parlez-nous de ces îles heureuses
Où les mortels peuvent laisser leurs chagrins
Et s'envoler à votre suite.

Cette montagne, ces eaux bleues
N'ont pas été créées en un seul jour,
Elles se sont sensiblement accrues.
J'ai grandi, moi aussi,
Ma jeunesse a poussé,
Mes années se sont déroulées
Et voici que la vieillesse s'avance.
La moitié de ma vie est déjà écoulée ;
Plus jamais je ne serai jeune, plus jamais
Si je pouvais au moins cesser de vieillir !
Si mes cheveux savaient le secret de ne plus blanchir !

Avons-nous quatre ou cinq corps ?
Avons-nous deux ou trois vies ?
Celle-ci est un mauvais rêve
Sans un instant de repos
Et nous ne connaissons à fond que la douleur.

Le sens vif de la poésie n'a jamais manqué aux

Coréens. Ils ont beaucoup vécu dans le rêve, bernés par leurs voisins. N'adoraient-ils pas les étoiles jusqu'au seizième siècle ?

Ils ont en outre une littérature sentencieuse, des proverbes à l'usage de la vie qui dénotent un bon sens moqueur et un esprit ouvert, sans malice, sur les ridicules. La sagesse coréenne n'est pas insipide et plate, elle a des aperçus vifs et courts, elle peint un défaut en trois mots. Les proverbes sont le miroir des races. Ceux de Corée nous montrent un pays pauvre, obligé de compter : « Offrir une poire à quelqu'un et mendier les pépins », « Je ne veux pas acheter de vin, fût-ce à ma propre tante, à moins qu'il ne soit bon marché » ; un pays de malchanceux : « Si je colporte du sel, il pleut ; si je colporte de la farine, le vent souffle » ; un pays où la misère est sordide : « Quand même la maison serait brûlée de fond en comble, ce serait encore un bienfait que d'être délivré des punaises. »

Le Coréen se garde de forcer son talent : « Si le roitelet essaye de marcher au même pas que la cigogne, il sera vite écartelé. » Il se moque doucement des ambitieux trop pressés : « Il veut tirer de l'eau chaude du puits »; des mystérieux qui font le malin et l'entendu comme « un sourd-muet qui a mangé du miel » ; de ceux qui gaspillent leur peine : « Si vous creusez un puits, n'en creusez qu'un. » Il n'envie pas les hommes au pouvoir, points de mire des envieux et qui « mangent toute crue la chenille aux mille pattes », l'avanie. Il avertit même les rois que leur puissance a des bornes : « Un homme, quelque grand qu'il soit, est-il capable de cueillir les étoiles ? » « Même le roi s'embarrasse dans la vigne. »

Les proverbes plaisantent le muscadin de Séoul, le bourgeois qui fait du genre : « un homme sans jaquette qui porte des bagues en argent » ; les jeunes étourdis : « Un chien d'un jour ne craint pas le tigre » ; les incrédules : « Avez-vous besoin de toucher la procession ? » les palefreniers vantards : « Le courrier mange pendant que les chevaux galopent. »

Il en est qui font allusion à l'humble posture de la Corée, comprimée et foulée par ses voisins : « Quand les baleines combattent, les crevettes ont le dos brisé. » Il en est où le Coréen avoue naïvement sa déconvenue : « Il me dit de monter à l'arbre et puis il le secoua » ; et d'autres où il rumine les maux qu'il endure, le cœur révolté : « Même un ver de terre se souvient d'avoir été foulé aux pieds. »

Ces bons mots se colportent dans les campagnes, ils se disent aux foires et dans les auberges, ils résument la façon de sentir du pays, ils nous donnent naïvement le fruit de longues méditations : « L'abricot sauvage s'ouvre de lui-même. »

I

Depuis l'assassinat de l'impératrice par les Japonais, l'empereur a quitté le vieux palais qu'il habitait au pied du Pou-Kan et s'est retiré au centre de la ville, dans le quartier des Légations.

Mais la vieille résidence abandonnée, ainsi qu'une autre, plus ancienne, restent propriétés impériales, gardées militairement et forment à l'extrémité de la capitale de beaux coins silencieux. Les palais étaient entourés d'immenses jardins, aujourd'hui délaissés et incultes, les kiosques et les pavillons ne sont plus entretenus et le temps achève de les détruire.

L'empereur avait là ses appartements, ceux de ses femmes et de sa domesticité, une petite ville aux ruelles enchevêtrées où se nouaient sans doute beaucoup d'intrigues. On peut encore visiter ces maisons de bambou et de papier, ces compartiments lumineux tapissés de parchemin jaune, fermés par des portes à coulisses où les dames de la cour passaient leur vie. La lumière y est douce et dorée, mais tout de même ce sont des prisons et on comprend que les captives aient égratigné leurs carreaux pour voir un peu ce qui se passait dehors.

Les grandes cours d'honneur semblent vides. Des bornes de pierre indiquaient à chaque classe de mandarins son rang. Ils s'alignaient dans ces vastes préaux où retentissaient, les jours de fêtes, les acclamations. Rien n'est plus triste que ce perron sculpté où l'empereur apparaissait, maintenant livré aux oiseaux de proie.

La grande salle d'audience résiste à la pluie et au vent. C'est qu'elle est bien bâtie. La pièce est majestueuse, soutenue par des colonnes de bois rouge et couverte avec de grosses poutres entrecroisées, des madriers d'une superbe portée. Entre les poutres chaque caisson est sculpté ; les dragons dorés aux torsades fougueuses et les phénix sont restés intacts. Bien que la salle soit vide, on entre avec respect sous cette architecture de bois et cette belle charpente qui montre naïvement sa structure et sa force.

L'empereur donnait audience sur un trône dont on aperçoit encore l'estrade, entre deux colonnes, sous la plus belle partie du plafond, où deux dragons se livrent un furieux combat. Le paravent est toujours là, il était derrière le trône et cachait sans doute l'impératrice, cette remarquable souveraine qui, étant de la vieille race impériale des Ming, savait gouverner et souffler son bonhomme d'époux.

Mais le plus désolant, ce sont les jardins autrefois bien dessinés, les pelouses aux belles courbes, les massifs d'azalées, les bouquets de pins, toute la magnificence de ces vieux parcs qui n'est plus soignée. L'herbe étouffe les allées et monte même à l'assaut des murs et la terre disparaîtrait sous une litière de feuilles mortes, si on ne permettait à de petits pauvres de venir les ramasser avec leur râteau d'osier. Il n'y a guère que ces malheureux qui troublent un peu en automne la solitude de ces vieux domaines : le reste du temps, les chevreuils, les écureuils, les aigles en sont les maîtres, et quand l'hiver chasse les oies sauvages, elles viennent s'y abattre. Les faisans y font aussi leur couvée. C'est le paradis des bêtes et peu à peu la nature envahit ce que les hommes délaissent.

Ces parcs avaient de grands étangs, mais les lotus et les nénuphars les ont recouverts. Dans l'un d'eux une île rocheuse et un kiosque ont disparu sous une végétation ardente, les toits de faïence bleue sont cachés sous les feuilles. Un autre a gardé son temple sur pilotis. Une raison religieuse avait sans doute poussé un empereur à construire dans ses jardins cette habitation lacustre, souvenir de la vie que menaient ses aïeux. Les pilotis sont des pieux de granit sur lesquels repose le plancher du temple. Telle est encore la maison des Ghiliaks, au bord de l'Amour : cette ressemblance n'est peut-être pas un hasard, si l'on admet que les Coréens ont du sang sibérien dans les veines.

La plus grande beauté de ces résidences était dans la vue de la montagne, toujours présente à l'empereur. Il n'avait qu'à lever les yeux et entre les fûts téméraires des grands pins il apercevait ce pic décharné, la « Crête de Coq », le Pou-Kan, sa vieille citadelle, le rempart de Séoul, dont la fière silhouette l'invitait à l'héroïsme.

C'est pourtant sous ces ombrages que s'est commis un meurtre infâme. Ces vieux arbres ont vu fuir éperdues, une impératrice, ses dames d'honneur et ses servantes qu'une bande d'assassins japonais poursuivaient dans la nuit. Les bourreaux firent bien leur besogne : pas une femme n'échappa et l'orgueilleuse fille des Ming qui aimait son pays et voulait le défendre contre l'envahisseur fut abattue sur une de ces pelouses, tandis que l'empereur et sa garde s'enfuyaient du palais pour n'y plus revenir.

L'empereur donne audience la nuit. On voit tous les soirs entrer au palais des nobles portés sur un pavois par dix domestiques ; devant les portes, des chaises tapissées de fourrures attendent la fin du conseil. La garde veille aux murs d'enceinte et dans les tours de guet, cachée sous des rideaux noirs. Toute la ville est dans l'obscurité et le sommeil, un seul pavillon reste éclairé, celui où l'empereur délibère avec ses ministres et régale ses favorites.

Un homme entre cependant au palais sans escorte, en espadrilles, pauvrement habillé, comme un coolie : c'est le premier ministre. Y-on-ik était autrefois mineur dans les houillères du Nord, il a manié la pioche : c'est à ces rudes débuts qu'il doit sa force et sa volonté de fer. Ayant amassé quelque épargne, il devint collecteur d'impôts dans la province de Pyn-yang. Un jour où le Trésor avait besoin d'argent et vite, Y-on-ik récolta sur-le-champ la somme et la porta lui-même d'une traite à Séoul. L'empereur, content de ses bonnes jambes, le gratifia d'un petit poste au palais. Une fois dans la place, le mineur a percé sa galerie, en ouvrier têtu, à coups de pioche et le voilà le premier du royaume. Personne ne sait comme lui administrer le domaine, exploiter les rizières, surveiller le tabac, soigner le gin-sang, cette racine réconfortante qui rend la santé aux vieux Chinois, la vraie richesse de la Corée avec le papier et le riz, et trouver les garçons résolus qui vont la déterrer dans la montagne. Il a l'œil à la fraude, il compte lui-même les sacs et les dollars, il est la terreur des mandarins, il leur fait rendre gorge et il a le talent de remplir les coffres de l'Etat. Il est l'homme de peine et de ressources, l'argentier de Sa Majesté. Mais dans sa haute dignité il n'a pas dépouillé le vieil homme, l'esprit étroit et buté de l'ignorant ; il outrage l'étiquette, vit dans un taudis, dédaigne les redingotes de soie ; populaire auprès des artisans, il est détesté des gens de cour pour ses mauvaises manières et son inflexible honnêteté. Ceux qu'il démasque cabalent contre lui ; ils avaient réussi à le noircir aux yeux de l'empereur qui l'avait disgracié, mais Y-on-ik est revenu, comme un chien fidèle, se coucher jour et nuit en travers de la porte, attendant le bon plaisir du maître : un jour la caisse s'est trouvée vide et Y-on-ik est rentré en grâce.

Y-on-ik ne mourra pas dans son lit. Il passe cavalièrement dans les rues de Séoul, tout seul, à pied, bravant les assassins. Si le vent tourne contre lui, il s'incruste au palais et n'en veut plus sortir. Récemment tombé malade, il se faisait soigner à l'hôpital japonais quand une bombe éclata par hasard sous son lit. L'explosion rata mais Y-on-ik fut guéri du coup. Il est à craindre qu'il ne finisse ses jours à la prison, où tant de ministres coréens ont déjà échoué : une fois sous les verrous, ils sont vite supprimés.

Aux yeux des courtisans, Y-on-ik ne compte pas parce qu'il n'est pas gentilhomme et n'a passé aucun examen. Il peut cumuler les honneurs et les ministères, il sera toujours un coolie, un parvenu illettré qu'on ne salue pas et devant lequel on reste accroupi, les besicles sur le nez et la pipe aux dents. Tel est le prestige des diplômes dans les vieux pays. Les nobles ont d'ailleurs une vie à part, plus délicate et maniérée que celle du peuple ; ils s'en distinguent d'abord par la jaquette de soie et le diadème de crin, ils portent des pelisses et circulent en chaise comme les danseuses, ce sont des petits-maîtres. Leur naissance leur donne droit aux honneurs et aux mandarinats dont ils se déchargent sur des secrétaires. Les plus intelligents écrivent des vers chinois ou la chronique du règne, mais n'ouvrent jamais un seul de ces romans dont se délecte la populace.

Un autre, plus hardi, se met à la vie européenne, bien qu'il soit de la vieille race impériale des Ming et n'ignore pas que ses aïeux ont su vivre avant les nôtres. Il nous accueille dans une maison de pierre dont les portes et les fenêtres sont vitrées. Il nous offre le thé dans un service d'argent qui vient de Londres, il fume des cigares dans une bergère et sa pendule est un coucou suisse. Mais il est resté fidèle aux habits clairs qui égayent cette maison d'emprunt, à l'humeur prime-sautière, à la politesse de sa race. Il a planté dans son jardin des peupliers comme sur nos grand'routes, il a des serres où il cultive avec amour le géranium, la giroflée, la rose de France, infiniment rare et précieuse ici, et voilà qu'il cueille la plus belle, fleurie à grand'peine et qu'il nous l'offre gracieusement, sachant bien quel présent délicat il nous fait. Son bonheur est de nous donner un instant l'illusion que nous sommes en Europe, chez un amateur de jardins; mais, dès que nous serons partis, il s'en retournera à la vieille maison coréenne, cachée derrière la neuve, à la case de papier, bien chaude, avec sa femme, ses enfants, la pipe des aïeux et la douceur de se sentir chez lui. Il est fier d'avoir une maison moderne, mais il n'est heureux que dans l'ancienne.

Noblesse oblige : un gentilhomme doit courir les honneurs ou végéter. Le seul métier qu'il puisse exercer sans déroger est celui de libraire, mais il n'enrichit pas son homme. « Le gentilhomme pauvre, dit le proverbe, ne peut mépriser que l'esclave. »

Noble, lettré ou mandarin, c'est tout un. Pour le peuple c'est le maître, l'œil qui guette les écus. L'impôt, la corvée pèsent lourdement sur le pays : tantôt le mandarin doit livrer à l'empereur un certain nombre de peaux de tigres, et chasseurs de courir ; tantôt le mandarin remarque les toitures neuves d'un village, et villageois de payer. L'âpreté du fisc stimule le Coréen à ne rien faire. Cependant, hors de chez lui, en Sibérie, il amasse un pécule. Il serait donc moins paresseux, si le gouvernement était moins avare.

Cet argent, si durement ravi au peuple, sert à payer les caprices de l'empereur, ses réceptions, ses dîners et ses feux d'artifice, ses pompeuses et coûteuses sorties, ses emplettes de chevaux ou d'éléphants, les distributions de riz aux gens de la capitale et la solde de l'armée. C'est la grosse dépense depuis que les Coréens se sont mis en tête d'avoir des régiments à l'européenne et ont licencié leur milice. Les nouvelles troupes font tous les matins l'exercice sur la place du palais, sans progrès, incapables d'emboîter le pas, et les clairons jouent toujours faux. Les conscrits sont tout penauds dans des uniformes collants qui les paralysent, les képis plantés sur le chignon et le bonnet de crin vacillent, les souliers blessent et les soldats viennent à la manœuvre, comme des gardes nationaux, emmitouflés dans leur cache-nez, les mains dans les poches et le fusil sous le bras. La cavalerie n'est pas meilleure : tandis que les petits poneys coréens, intrépides et endiablés, passent par tous les sentiers de montagne et serviraient dans une guerre d'embuscades, l'empereur fait monter à ses gens de grands chevaux australiens inutiles à la guerre et fort incommodes en temps de paix. Où est le temps où les flèches coréennes faisaient reculer les Japonais ?

Par les matins légers d'hiver les enfants vont en classe avec un grand bruit de sabots. Le dernier des coolies se saigne aux quatre veines pour que son fils apprenne à lire au moins le coréen et les marmots de la populace s'asseyent sur les bancs de l'école à côté des enfants nobles. Chez les uns l'habit est plus fin, le chapeau plus coquet, chez tous l'ardeur d'apprendre est la même : le respect dont ils voient les lettrés environnés leur fait désirer de s'instruire. Les plus intelligents apprennent le chinois et entreront dans la classe des interprètes, la seconde après la noblesse, les autres trouveront plus tard un passetemps dans la lecture des romans coréens, mal imprimés sur du papier à chandelles, mais bourrés d'aventures merveilleuses. Aussi la classe est suivie, on la reconnaît au ramage qui s'échappe des fenêtres. Derrière la muraille mince les écoliers chantonnent la leçon ; les voix sont claires, alertes, et si l'on entre, on aperçoit des rangées de têtes éveillées, attentives, des fronts bien doués, des bouches souriantes, des figures qui vivent et qui comprennent. La vieille barbe grise et la paire de besicles qui enseignent semblent n'avoir aucun effort à faire pour jeter le bon grain dans ces petits cerveaux.

Après l'école enfantine, férus de chinois, les

jeunes ambitieux coréens passent à l'école étrangère. La Corée est un pays faible, l'étranger y est puissant. Bien que la France n'ait sur elle aucune convoitise, elle y possède une influence par les chemins de fer, les mines, le service des postes : l'école française est donc fréquentée. Les élèves sont des jeunes gens avec la natte ou des pères de famille avec le chignon ; mais, en voyant ces grands garçons qui peinent pour apprendre notre langue, font des dictées, des cartes muettes et plissent leur front pour y faire entrer les noms de nos rivières et de nos départements, il est impossible de ne pas se sentir pris de sympathie pour ces braves gens. Si loin des Gaules, il est doux d'écouter sa « maternelle », même zézayée par un Coréen, et nous avons passé de longues heures dans cette petite école à côté de M. Y, de M. Pak ou de M. Hou qui épelaient de leur mieux l'histoire de France. Il fait bon entendre au bout du monde les noms de Vercingétorix, de Jeanne d'Arc, de Bayard et de Du Guesclin, et sentir qu'un étranger, si différent de nous, s'y intéresse. Sur le tableau noir les Coréens écrivaient d'une main sage en bouclant leurs majuscules : « La France est le plus beau pays du monde ! » Aucun d'eux n'y viendra sans doute, mais ils parleront sa langue, ils l'écriront, ils nous garderont une humble amitié. Ne la dédaignons pas.

Une cloche sonne dans l'air limpide, majestueusement, commes nos cloches de village. C'est celle de la cathédrale et elle sonne Noël. Il gèle à verglas, mais des groupes se dirigent dans la nuit vers la mission : le chemin est glissant, les sabots trébuchent sur la glace. Il y a des vieilles pliées en deux, appuyées sur des jeunes filles, des ombres blanches, des jupes de couleur et tout ce monde endimanché monte vers l'église dont les vitres embrasées resplendissent en haut de la colline. Du parvis qui domine la ville la vue est belle sur les maisons de Séoul assoupies et son grand cirque de montagnes, doucement éclairé par une nuit d'étoiles.

Mais le spectacle est dans l'église. Les tuniques blanches des hommes se sont rangées d'un côté, de l'autre les voiles des femmes, un nuage de mousseline ; les enfants de l'orphelinat, la classe bleue, la classe orange, la classe violette, un arc-en-ciel ; le lutrin en tuniques écarlates et la cornette des sœurs qui s'agite et bat la mesure. Sous la grande nef gothique, inondée de lumière, toutes ces étoffes font une masse brillante, un clair de neige, on dirait qu'il y a des anges dans l'église.

Les chants sont en latin et les petits chantres coréens ne s'en tirent pas mal. Ils se risquent même à entonner un cantique français, un vieux

Noël, qu'on chante encore dans nos campagnes et qui se termine par un *Gloria* vainqueur. Les chants de Noël sont les plus beaux de l'Église. Quand ils passent sous des ogives, ils sont encore plus touchants, mais les entendre à Séoul, dans une cathédrale construite à la française, avec toutes ces ombres blanches qui essayaient de répéter le vieux refrain, il y avait là de quoi nous surprendre et nous attendrir.

L'évêque était revenu cette nuit même d'une grande tournée à cheval dans la province. C'était un de ces hommes rudement charpentés comme on imagine un évêque du moyen âge, fort, infatigable et bon, toujours sur les grands chemins et qui meurent à la peine. Debout devant l'autel, tourné vers les fidèles, il en imposait par sa barbe blanche, ses traits vieillis, une face de saint. Sa grande figure austère rayonnait sous les cierges. Il jubilait de se retrouver dans sa cathédrale, avec son troupeau, dans cette nuit de Noël pleine d'allégresse, qui le payait de toutes ses fatigues.

Le Pou-Kan est cette montagne altière qui domine Séoul, au nord. Elle servait autrefois à la défense et elle est restée couverte par un rempart et des tours qui se détachent nettement sur sa crête. Pour y monter on sort de la ville par une des grand'portes et l'on prend la route impériale qui mène à Mouk-den et à Pékin, celle que suivaient naguère les ambassadeurs chinois quand ils apportaient à Séoul le calendrier ou qu'ils escortaient une princesse et sa dot. Les Japonais ont bâti sur ce chemin un arc de triomphe pour célébrer une indépendance dont les Coréens ne sont pas plus fiers.

La campagne aux portes de Séoul est riante et variée par des côtes, des plis de terrain, une suite de vallons fermés et paisibles où les villages sommeillent sous de vieux châtaigniers. Les champs sont en rizières, mais la culture a respecté les bouquets d'arbres, les troncs merveilleusement élancés des grands saules toujours tremblants. Les chemins, souvent taillés dans le roc, serpentent entre les potagers, les vergers de pruniers, de mûriers et d'abricotiers, animés par un va-et-vient d'habits blancs, de paysans qui poussent leurs taureaux, de femmes qui vont à la fontaine, une cruche noire sur la tête, et personne ne se presse, la lumière est belle, l'air léger, les gens heureux d'habiter un pays aussi calme.

Ces lieux champêtres étaient autrefois le rendez-vous des nobles qui y prenaient leurs soupers fins. Ils avaient des maisons de plaisance, des kiosques sous les arbres, des pelouses, des étangs et ils s'y promenaient au clair de lune avec des danseuses. Ils y amenaient des baladins et des acrobates. La vie était alors toute féodale : les gentilshommes campagnards ne voyageaient qu'en grand équipage et rendaient la justice en chemin, quand un suppliant se jetait devant leur chaise. Les chapeaux étaient trois fois plus grands, les pipes encore plus longues et les jupes des femmes si volumineuses qu'elles ne pouvaient marcher qu'à petits pas comme des déesses.

On quitte la route mandarine pour s'enfoncer dans les gorges du Pou-Kan et le paysage tourne au sévère. Les maisons deviennent rares, ce sont des hameaux de montagnards perdus dans un chaos de pierres. Les montagnes sont décharnées, à pic, d'une admirable sauvagerie, elles menacent le ciel de leurs dents de scie, et les remparts qui suivent les soubresauts de leur échine feraient de cette position une citadelle imprenable, si les Coréens voulaient se battre. Au printemps, ce ravin désolé est couvert de violettes et de pivoines et les gens de Séoul y viennent en promenade pour jouir de la vue.

Par un temps clair, en effet, du sommet du Pou-Kan on peut apercevoir un grand morceau de la Corée. C'est un pays rugueux, découpé comme un échiquier par des montagnes qui lèvent dans tous les sens leurs têtes sourcilleuses, barricadé dans ses rochers, partagé en une foule de vallées impraticables qui se défendent d'elles-mêmes. Elles ont jalousement protégé les vieilles mœurs et les naïves coutumes, les conquérants sont passés sur les grandes routes sans pénétrer au cœur du pays et il y aura toujours dans cette Corée bosselée et originale des chemins creux et des sentiers dérobés que l'étranger ne foulera pas.

La montagne du midi, le Nam-San, est plus abordable. C'est la promenade d'été des citadins qui viennent s'asseoir sous les grands pins et regarder leur capitale entre les branches. L'immense étendue de Séoul, la simplicité de ses toits qui fument et le cirque grandiose des montagnes qui l'enferment ne se découvrent bien que de là. Par un matin d'hiver, quand la neige à peine fondue dégage une fine vapeur, Séoul, entrevue dans les voiles du matin, est pleine d'attrait.

Sur la crête du Nam-San il y a un petit temple chargé sans doute d'arrêter les ouragans et les mauvaises nouvelles qui pourraient fondre sur la ville. Son gardien n'est pas riche, un promeneur lui apporte parfois quelques bâtons d'encens et quelques fruits ; à défaut de lampes et d'offrandes le sanctuaire jouit des derniers rayons du couchant et de l'arome des pins. Les trois enfants du prêtre nous ont fait les honneurs du sommet : l'un s'appelait « Pierre », l'autre « Cerf », la petite fille « Qui n'est pas méchante ». Ils avaient des vestes éclatantes, bariolées, couleur de cerise, d'abricot et tellement capitonnées qu'ils tenaient leurs bras en croix, tout raides, perdus dans des manches trop longues. Leur visage, gros comme une noisette, était bleui par le froid, mais il avait cette finesse de bijou, si étonnante dans les traits coréens, les yeux de furet et la bouche moqueuse. Au milieu des arbres glacés par l'hiver, au-dessus de la ville entrevue bien loin, en bas, dans une fumée, ces trois petits enfants avaient l'air échappés d'un conte de fées, ensorcelés par les dames de la forêt comme le bûcheron de la légende qui les écouta chanter si longtemps que sa hache à côté de lui pourrit. Ces trois innocents, ces trois Poucets furent notre dernière vision du pays.

« Qui n'est pas méchante » est le surnom qui convient à tout la Corée. Il n'y a pas de méchanceté dans ce gentil peuple, affiné, pauvre et rêveur. Le sort peut lui être contraire, il se console avec des proverbes : « Quelques-uns sont nés pour le sourire et d'autres pour les larmes. » Les nuages passent vite sur ces fronts bombés qui ne demandent qu'à continuer la vie paisible de leurs ancêtres.

www.ingramcontent.com/pod-product-compliance
Ingram Content Group UK Ltd.
Pitfield, Milton Keynes, MK11 3LW, UK
UKHW012053240726
13965UKWH00003B/1262